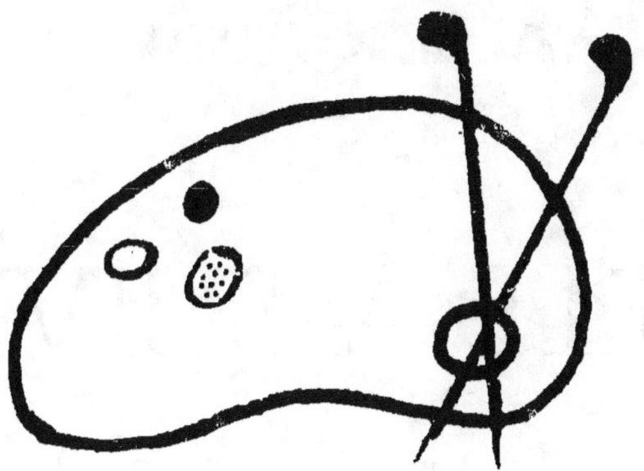

Début d'une série de documents
en couleur

M. - A. GROMIER

EXEMPLE A SUIVRE

ET

REVANCHE A PRENDRE

PACIFIQUEMENT

N.o 3oo - d'un tirage à trois cents exemplaires.

FLORENCE

Typographie Coppini et Bocconi

33, Rue de l'Orivolo, 33

—

1886

30

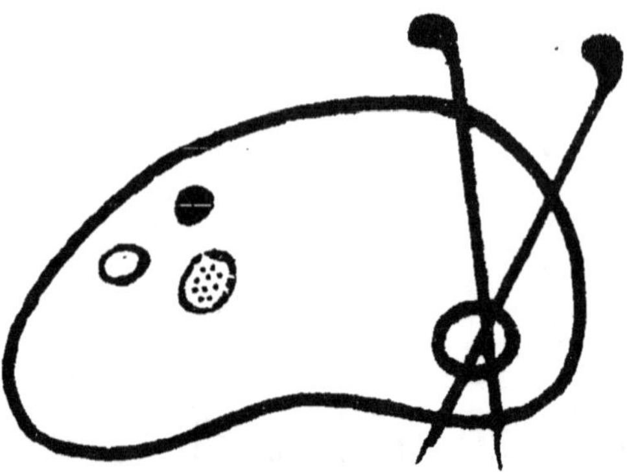

**Fin d'une série de documents
en couleur**

M. - A. GROMIER

EXEMPLE A SUIVRE

ET

REVANCHE A PRENDRE

PACIFIQUEMENT

N.º *300* d'un tirage à trois cents exemplaires.

FLORENCE

TYPOGRAPHIE COPPINI ET BOCCONI

33, Via dell'Orivolo, 33

1886

DÉDICACE

A l'auteur, par lui-même, pour sa bibliothèque personnelle, —
et à ceux de mes amis connaissant les obstacles politiques, moraux et matériels qu'il m'a fallu surmonter, et les sacrifices qu'il m'a fallu faire, pour continuer, jusqu'en 1886, ma campagne, entreprise, il y a déjà vingt ans, en faveur d'une Alliance Gréco-Latine *et d'une* Union Douanière Méditerranéenne.

Florence, 31 mars 1886.

A. Gromier.

N.° 300. d'un tirage à trois cents exemplaires.

PRÉFACE

Le progrès des sciences nécessitera la fraternisation des êtres civilisés.

On élargira d'abord, puis on supprimera les cercles des douanes, devenus trop étroits et ruineux depuis l'application de la vapeur aux moyens de locomotion individuelle et de transports commerciaux, et, surtout, depuis l'emploi de l'électricité et même du téléphone pour les communications industrielles internationales.

La suppression des frontières sera la conséquence de la suppression des distances.

Imitons Frédéric List qui consacra sa vie entière à l'établissement du Zollverein Germanique.

Le Zollverein Méditerranéen serait une revanche pacifique, intelligente et décisive.

M.-A. Gromier.

EXEMPLE A SUIVRE

Il y a des esprits de diverses sortes parmi lesquels certains voient de loin et vont de l'avant : ce sont les presbytes de l'intelligence, les pionniers du progrès. Leur rôle de défricheurs n'est pas le moins laborieux, ni le plus fructueux pour eux-mêmes ; mais, à coup sûr, il n'est pas le moins utile pour la société, ni le moins digne d'encouragement. Leur vie est incertaine, leur pain précaire, la lutte et les dangers se renouvellent pour eux à chaque pas, ils souffrent tous les mécomptes, ils reçoivent tous les outrages, et, le plus souvent, ils meurent persécutés ou méconnus.

Il n'importe ! Nul d'entre eux ne regrette d'avoir essuyé les plâtres, lorsque la maison s'ouvre à tous. Chacun d'eux, au contraire, se croit assez récompensé par l'avènement de l'idée conçue, par le triomphe de la justice rêvée !... C'est ainsi qu'à travers ce Calvaire éternel, la Vérité scientifique, économique, politique, sociale se dégage de siècles en siècles !... Les « *enfants perdus de la pensée* » déterrent les idées abstraites ; les hommes d'expérience discutent ces idées qu'ils dégagent de leur obscurité première ; la Presse, bientôt, met ces idées en circulation ; le public s'en pénètre ; finalement, le paradoxe de la veille, l'utopie d'aujourd'hui devient le lieu commun du lendemain !

Frédéric List fut l'ur. de ces « *enfants perdus de la pensée,* » l'un de ces Messies, l'un de ces Martyrs.

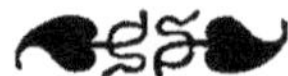

Frédéric List, le père du *Zollverein Allemand,* naquit à Reutlingen, ville libre de la Souabe, dans le Wurtemberg, le 6 août 1789. Son père, mégissier fort à son aise, le destinait à lui succéder dans sa profession ; mais le futur précurseur de Bismarck montra de bonne heure de telles antipathies pour le blanchissage des peaux de bêtes qu'il fallut se résigner sagement à le laisser travailler aux réformes économiques et sociales. Il devint employé dans l'une des administrations centrales du royaume et, dès l'âge de 27 ans, en 1816, il se trouva nanti de la confiance et de toute la faveur du chef d'un cabinet libéral, l'honnête et courageux Wangenheim.

Ce ministre, ayant créé à Tubingen une faculté des sciences administratives, donna la chaire d'économie politique à son jeune protégé qui ne tarda point à s'en montrer digne et, non content des labeurs de son enseignement, commença dès lors son infatigable apostolat par la voie de la presse, créant avec quelques amis, à Helbronn, un journal à bon marché : l'*Ami du peuple de Souabe,* et revendiquant déjà ce qui fut la revendication de toute sa vie : une meilleure représentation nationale, le contrôle de l'administration, l'indépendance des communes, la liberté de la presse, le jury, enfin l'abolition des douanes intérieures divisant la Confédération Germanique en trop de petits États concurrents.

Malheureusement pour List, les temps n'étaient pas mûrs pour pareille campagne : Wangenheim ne put résister aux clameurs des conservateurs effrayés ; il se retira, cédant la place aux défenseurs des privilèges et le ministère nouveau, pour premier acte, supprima le journal audacieux, puis força le journaliste à se démettre de sa chaire. List, pourtant, ne se découragea pas ; possesseur d'une suffisante fortune, il lui fut très facile de continuer ses travaux : ce fut même précisément à cette époque (1819) qu'il établit publiquement sa doctrine de Libre-Échange National, tendant au développement du commerce intérieur de tous les pays allemands, c'est-à-dire au *Zollverein*.

Il était persécuté par le gouvernement, la nation ne tarda pas à le récompenser : il fut élu député par sa ville natale, six semaines à peine après sa démission. Mais, List n'avait pas trente ans accomplis ; ce choix fut donc annulé. Toutefois, il fut réélu à la fin de 1820 et, dès les premiers jours de sa vie parlementaire, il saisit l'assemblée wurtembergeoise d'une proposition en faveur de l'abolition des barrières provinciales et de l'*Union doganale des États Allemands*.

La Diète fut immédiatement ajournée, tant cette proposition paraissait redoutable. List, ne pouvant ni ne voulant patienter, réédita sa proposition sous forme d'une Pétition-Programme dont l'Opposition fit son drapeau. Il y eut scandale ; la Pétition-Programme fut déclarée perturbatrice ; on poursuivit List avec toute la rigueur imaginable ; il fut exclu de l'Assemblée, condamné à dix mois de travaux forcés et déchu du titre de citoyen ! L'amitié d'un fonctionnaire public lui permit de ne point attendre ceux qui venaient l'arrêter et il se réfugia en France (1821)... Tel fut le premier fruit de son évangélisation !

*

En France, naturellement, toutes les plus vives sympathies lui furent à l'envi prodiguées: on lui offrit des banquets à Strasbourg ; à Paris, on le porta en triomphe. Le général La Fayette s'éprit de lui et voulut l'emmener en Amérique. Ce projet d'émigration souriait à List ; pourtant, il ne put se décider à abandonner sa famille. Bien mieux, trop facile à tromper, il crut étourdiment en une promesse de clémence royale et rentra en Wurtemberg (1824). On l'arrêta. Il fut enfermé dans une forteresse et ne retrouva la liberté, en 1825, que sous condition de s'expatrier !

Frédéric List, alors, se rendit aux États-Unis, à Philadelphie, chez Lafayette qu'il accompagna dans sa tournée glorieuse au milieu du peuple américain ; c'est ainsi qu'il connut Henri Clay et tous les principaux hommes d'État de la jeune République.

Après quelques tâtonnements, il résolut de se fixer dans la Pensylvanie, près Harrisbourg, où il voulait fonder une *École des arts et métiers*, et il accepta l'offre de rédiger un journal allemand dans la petite ville de Reading. En même temps, il commença la publication, dans *The National Gazette*, de Philadelphie, d'une série de lettres en langue anglaise sur la *Liberté commerciale*, lettres que ses correspondants de France et d'Allemagne prirent soin de traduire et de divulguer. Il s'apprêtait à réunir en un volume populaire ses *Idées sur un Zollverein germanique*, lorsque la fortune vint un instant le distraire de ses labeurs économistes.

Il découvrit, en se promenant sur une montagne, un gîte houillier des plus riches et créa sans la moindre peine, une Société pour son exploitation au capital de quatre millions de francs. La mine qu'il dirigea intelligemment, eut un rendement extraordinaire ; ses produits furent mis en communication avec le canal de Schuylkill par le chemin de fer de Tamaqua à

Port-Clinton : List eut bientôt trois cent mille francs de rente. Disons vite, à sa louange, qu'il ne songea plus qu'à revenir en Europe pour y reprendre son apostolat et surveiller de près les premières applications de son système d'*Union Doganale Allemande* qu'avait ébauchée la Prusse en s'accordant avec quelques petits duchés, à partir du 14 février 1828.

Avant de quitter les États-Unis, List avait obtenu du président Jackson une mission pour la France ; de plus, le gouvernement fédéral l'avait désigné pour le consulat des États-Unis à Hambourg ; il se croyait donc en sûreté sur le sol d'Europe. Mais, à peine arrivé à Paris, dans les derniers jours de 1830, quelques articles qu'il rédigea pour la *Revue Encyclopédique* et pour le *Constitutionnel*, réveillèrent toutes les craintes et toutes les haines de ses persécuteurs. Le gouvernement wurtembergeois le fit attaquer à la fois à Hambourg, où l'*exequatur* lui fut refusé, et à Paris, où l'on n'osa se fier à pareil démagogue. List dut retourner aux États-Unis, à la fin d'octobre 1831 !

Cette fois-là, l'exil fut court. List liquida ses affaires, prépara prudemment sa rentrée, se fit nommer consul honoraire à Leipzig, regagna Paris sans encombre, séjourna une année à Hambourg et fixa sa résidence à Leipzig en 1833, en pleine et libre possession des moyens d'action les meilleurs.

Avant tout, il dota l'Allemagne d'une *Encyclopédie de sciences politiques et économiques (Staats-lexicon)* et d'un *Journal des chemins de fer (Zur deutschen Eisenbahnfrage)*. Puis, il se rendit enfin en son pays natal où les plus grands honneurs lui furent largement décernés par la population. Mais le gouvernement fut tenace dans sa peur, refusa de rendre à List le titre de citoyen wurtembergeois et ne voulut le considérer que comme un étranger ayant permission de résider dans le royaume, — bien que la faculté de droit de Fribourg ait déclaré la nullité du procès fait au père du *Zollverein*.

Frédéric List éprouva un vif chagrin de ce déboire et, bientôt, il y eut pire : son *Journal des chemins de fer* fut interdit en Autriche ! En même temps, il perdit la plus grande partie de sa fortune par suite de la crise financière des États-Unis...

Il revint à Paris, au printemps de 1837, comme à un refuge consolateur. Louis-Philippe voulut le voir et s'efforça de lui faire oublier ses tracasseries de 1831. D'autre part, il rencontra le docteur Kobb avec lequel il renoua d'anciennes relations qui lui rouvrirent les colonnes de la *Gazette d'Augsbourg*. Puis, il rédigea pour l'Académie des sciences morales et politiques son fameux *Mémoire*, devenu depuis le *Systéme national d'écomie politique*, en Allemagne, et que les académiciens parisiens classèrent le troisième sur vingt-sept mémoires reçus.

La famille de List vint alors le rejoindre et List semblait devoir rester en France, d'où il avait mille et mille moyens sûrs de correspondre avec ses partisans allemands ; mais l'un de ses fils qui avait voulu prendre du service en Algérie, y mourut de la fièvre ; affecté de cette perte, il reprit le chemin de Leipzig et s'y rétablit en 1840.

Cependant, son idée d'un *Zollverein* avait fait son chemin et les Allemands en appréciaient enfin l'importance. L'université d'Iéna, réunie en séance solennelle, déclara Frédéric List bienfaiteur de la patrie et lui conféra le titre de docteur en droit ; puis, d'Augsbourg, lui arrivèrent tant de sollicitations flatteuses qu'en 1841 il se décida à y fixer sa résidence ; qui plus est, le roi du Wurtemberg l'invita à venir le voir à Stuttgard, lui présenta le prince Charles, alors âgé de dix-huit ans, et lui remit avec beaucoup d'éloges le décret officiel de sa réhabilitation. L'idée d'un *Zollverein* n'était plus estimée chose criminelle et son auteur redevenait citoyen wurtembergeois ; il avait fallu vingt-deux ans pour que List parvint à obtenir cette justice !

Pourtant, on l'a vu plus haut, le 14 février 1828, le grand duché de Hesse, la principauté de Schwartzburg-Sonder-shausen et les petits duchés d'Anhalt s'étaient accordés avec la Prusse pour pratiquer les premiers le système de List en adhérant tous à la loi doganale prussienne améliorée par le vote du 26 mai 1818. Le 25 août 1831, après la superbe campagne entreprise de Paris par le père du *Zollverein*, à son premier retour d'Amérique, la Hesse héréditaire avait adhéré, elle aussi, à cette même loi. Puis, grâce à la présence de List sur le sol allemand, grâce à son évangélisation incessante, d'autres accessions avaient porté à onze le nombre des États formant, en 1835, la circonscription du *Zollverein* naissant, comprenant un territoire d'une superficie de 450,000 kilomètres carrés, une étendue de frontières de 8,195 kilomètres et une population de trente millions d'âmes réparties dans les pays de Prusse, Luxembourg, Bavière, Saxe, Wurtemberg, Bade, Hesse, Thuringe, Brunswick, Nassau, Francfort-sur-le-Mein. Enfin, le 8 mai 1841, lorsque Frédéric List eut obtenu de l'Université d'Iéna une apologie publique, les onze États du *Zollverein* avaient renouvelé leur traité d'union pour une période de douze ans, c'est-à-dire jusqu'au 31 décembre 1853. Voilà ce qu'en vingt-deux années, Frédéric List avait dû parvenir à susciter avant qu'un décret du roi du Wurtemberg le réhabilitât solennellement ! Vraiment, le Calvaire avait été long et pénible !

Hélas ! Il n'était pas achevé ! Frédéric List le gravit cinq années encore !

Le *Congrès Douanier* de 1842 ayant ranimé le débat entre le libre-échange et la protection, List, rétabli d'une chute où il s'était cassé la jambe, décupla sa propagande et, de concert avec M. de Cotta, éditeur d'Augsbourg, fonda une feuille hebdomadaire pour la défense de ses idées économiques en général et l'apostolat du *Zollverein* en particulier. Ce fut le

Zollvereins-blatt dont le premier fascicule parut le 1ᵉʳ janvier 1843. List ne cessa jusqu'à sa mort d'y développer sa doctrine, obtenant en 1843, 1844 et 1845 de successives améliorations au tarif de 1841, — conseillant et menant à bien des traités avantageux avec la Turquie, l'Angleterre, la Belgique surtout (1ᵉʳ septembre 1884), et la Sardaigne (23 juin 1845). Mais, autour de lui, dans son journal même, des machinations machiavéliques abreuvaient sa vie de dégoûts et diminuaient le résultat de ses efforts. Le *Zollverein* étant apprécié à sa valeur, la diplomatie s'en mêlait; ce fut elle qui contrebalança avec succès la campagne de List en faveur de l'annexion au *Zollverein Allemand* des pays du *Steuerve rein* (Hanovre, Oldembourg et Brunswick); annexion qui eut lieu, néanmoins (mais après la mort de List) en 1854, augmentant de neuf millions la population du *Zollverein Allemand* auquel il ne manqua plus dès lors que ce qui lui manque encore aujourd'hui, l'annexion du Mecklembourg, des Villes Libres du Nord et des pays allemands de l'empire d'Autriche (1).

List, toutefois, ne s'était pas laissé abattre; au contraire, il avait multiplié ses écrits, ses voyages, ses dévouements et ses sacrifices. Il alla même jusqu'en Angleterre pour assister, à Westminster-Abbey, au vote parlementaire de l'abolition des « corn laws, » et étudier de près la lutte pour le triomphe de la *league* et du *free-trade*. Le docteur Bowring le présenta à Mac Gregor et à Cobden qu'il fréquenta journellement durant trois mois, jusqu'à l'automne de 1846. A cette époque, la lame ayant usé le fourreau, List fut obligé d'aller chercher

---

(1) Voir les remarquables publications de MM. Bergmann, de Molinari et Kaufmann, à propos d'une *Association Doganale de l'Europe centrale : Suisse, Belgique, Allemagne et Autriche-Hongrie*. Voir aussi la série de mes articles insérés, à Rome, dans *La Gazzetta d'Italia*, et détaillant les trames machiavéliques ourdies par Bismarck à cette intention, à partir de la signature du traité de Francfort, en 1871.

en Italie un climat réparateur; mais, dans le Tyrol, à Kufstein, la maladie le vainquit. List, fatigué de voir les souffrances physiques s'ajouter à ses tortures morales, écrivit une lettre désespérée à son ami le docteur Kobb, puis il se suicida....

En Allemagne, aujourd'hui, le souvenir de Frédéric List est déjà perdu! On a oublié le père du *Zollverein*, cause première de l'*union politique* actuelle: Bismarck seul est porté aux nues, bien qu'il n'ait que ramassé la moisson. List, le semeur, n'a pas une statue; Bismarck a déjà cent mille fois été moulé et coulé en bronze... Ainsi va le monde: aux penseurs, aux novateurs, aux pionniers pacifiques, l'abandon et la misère; aux exploiteurs, aux dictateurs sanguinaires, la fortune et le Panthéon!

M.-A. Gromier.

REVANCHE A PRENDRE

La présence des Anglais à Gibraltar, Malte, Chypre, Candie, Rhodes, Alexandrie, Port-Saïd — et l'établissement prochain des commis du *Zollverein Germanique* à Tanger, Port-Mahon, Trieste, Salonique, Césarée, Tripoli, Constantinople — nécessitent un contrepoids.

Si on ne l'établit, c'en est fait, avant peu, de l'équilibre européen : les Anglo-Saxons et les Allemands prédomineront partout sur les peuples gréco-latins, follement occupés à de ruineuses aventures coloniales ou à des luttes fratricides dont Bismarck est l'instigateur bénéficiaire, — comme on le verra bientôt en Belgique, en Pologne et en Orient.

La création d'un *Zollverein Méditerranéen*, en d'autres termes, d'une UNION DOUANIÈRE MÉDITERRANÉENNE, sauverait d'une ruine complète le commerce et l'industrie des peuples gréco-latins qui sont à la veille de perdre toute possibilité d'échanges faciles et fructueux avec l'Asie Mineure, les Grandes

Indes et l'Afrique que veulent monopoliser les usuriers de l'Angleterre et de l'Allemagne.

Cette *Union Douanière Méditerranéenne,* — en attendant mieux, — devrait allier économiquement les habitants du Portugal, de l'Espagne, de la France, de l'Italie, du Monténégro, de l'Albanie, de la Grèce *(augmentée de l'Epire, de la Thessalie et de la Crète),* de la Bulgarie *nouvelle* et de la Roumanie, — ainsi que toutes les colonies méditerranéennes, actuelles et futures, de ces mêmes pays dont les greniers naturels sont dans l'Afrique septentrionale.

Cette *alliance nationale économique,* — préface de la formation des ÉTATS-UNIS GRÉCO-LATINS, — s'obtiendrait aisément entre tous ces pays, quelle que soit la forme actuelle et le nom de leurs gouvernements, au moyen de l'adoption synallagmatique, dans tout le territoire de ladite alliance, de certaines mesures d'ordre purement administratif qu'il appartient à la presse de commencer à proposer et dont j'ai fourni déjà quelques exemples, depuis 1866, dans les journaux et les revues honorant mes articles de leur hospitalité, et, surtout, le 15 janvier 1884, dans le numéro 115 de mon *Courrier de la Fédération Gréco-Latine.*

Je crois utile de reproduire ces exemples qui pourront peut-être servir de préliminaires et de bases aux discussions de cette vingtième année de propagande:

I. — Uniformité d'adoption du calendrier grégorien, — pour supprimer l'une des principales ressources de l'influence russe et du fanatisme mahométan.

II. — Uniformité des poids, des mesures et des monnaies, d'après le système décimal, — pour empêcher dans l'Orient la suprématie de l'or anglais et celle du thaler de Marie-Thérèse.

III. — Uniformité des tarifs postaux. Dans tout le domaine de l'*Union Douanière Méditerranéenne,* on devrait pouvoir employer pour les cartes postales des timbres de 5 centimes; — pour les lettres, des timbres de 10 centimes, par poids de 15 grammes; — pour les imprimés, des timbres de 1 centime, par poids de 50 grammes.

IV. — Uniformité des tarifs télégraphiques; (50 centimes les 10 premiers mot et 2 centimes par mots supplémentaires).

V. — Liberté de la navigation le long des côtes de la Méditerranée, et gratuité des débarquements dans tous les ports du littoral des pays gréco-latins et de leurs colonies africaines septentrionales, pour les navires de la marine marchande de ces pays.

VI. — Uniformité du prix kilométrique des transports par kilogramme de marchandises confiées aux messageries de terre et de mer entre les confins du pays méditerranéen — et uniformité des tarifs ferroviaires et des tarifs des paquebots pour les voyageurs et les passagers.

VII. — Abolition de tout passeport et de tout droit de douane ou d'octroi à l'intérieur de l'*Union Douanière Méditerranéenne;* — c'est-à-dire, pleine liberté de communications personnelles et d'échanges entre les habitants des pays composant cette association nationale économique, absolument indispensable à la préparation d'une fédération politique méditerranéenne qu'il appartient aux philosophes de chercher à établir promptement, pour le bien de notre triste et pauvre humanité.

Tout peut devenir possible aux peuples gréco-latins, si un *Zollverein Méditerranéen* leur apporte l'union qui fait la force. Et, s'ils se hâtent de se procurer cette force par cette union, ils contrebalanceront opportunément l'entrée prochaine des hollandais, des belges, des suisses et des austro-hongrois dans le *Zollverein Germanique.*

M.-A. GROMIER.

Du même Auteur:

LETTRES SUR LA MUSIQUE, in-8°, Hachette, Paris, 1862.
LA FANFARE BRESSANNE, in-8°, Milliet-Bottier, Bourg, 1863.
SOUVENIRS D'UN BRESSAN, in-folio, Milliet-Bottier, Bourg, 1864.
PÉCHÉS DE JEUNESSE, divagations littéraires et politiques, en prose
et en vers, publiées dans *L'Abeille* de Nantua, *Le Journal* et *Le
Courrier* de Bourg-en-bresse, *La Revue* de Lyon, *L'Album* d'An-
gers, *La Fraternité*, *La Critique Illustrée* et *La France Musicale*
de Paris, *L'Europe* de Francfort, etc., de 1861 à 1865.
LA COLONIE, in-4°, Taffery, Londres, 1865.
LA CAMPAGNE DE 1866, journal d'un volontaire garibaldien, *manuscrit*
mis en ordre à Ambérieu-en-bugey, 1867.
UNE ÉLECTION RÉUSSIE, curieuse série de correspondances publiées
dans *Le Progrès* de Lyon, en 1867-1868.
L'UNION LIBÉRALE, in-8°, Lechevalier, Paris, 1868.
THE GLOWWORM, in-4°, Samuel-Orchard Beeton, Londres, 1869.
L'ÉGYPTE DÉVOILÉE, in-32°, Wade, Londres, 1869.
LE CENTENAIRE ANTI-NAPOLÉONIEN, in-32°, Wade, Londres, 1869.
PARIS AU JOUR LE JOUR, variétés publiées dans *Le Rappel*, *La Ré-
forme*, *La Démocratie*, *Le Siècle* et *Le National*, Paris, 1869-1870.
LA FRANCE VUE DU DEHORS, traductions d'articles anglais, italiens,
allemands, espagnols, etc. publiées dans *La Patrie*, *Le National*,
Le Combat, *La Vérité*, *Le Vengeur*, *etc.* Paris, 1870-1871.

LE SALUT DE PARIS, in-4°, Merlot-Rodière, Paris, 1871.

LA PATRIE EN DEUIL, in-4°, Merlot-Rodière, Paris, 187..

LE SIÉGE DE PARIS PAR LES PRUSSIENS ET LA PRISE DE PARIS PAR MONSIEUR THIERS, *journal d'un commandant de la Garde Nationale, manuscrit* mis en ordre dans les Docks (Batiment C) du Camp de Satory en juin-juillet 1871.

LA SOLIDARITÉ, in-32°, André Sagnier, Paris, 1872.

LETTRES D'UN BON ROUGE, in-8, Sagnier, Paris, 1873.

PARIS MUNICIPAL, in-8°, Merlot-Rodière, Paris, 1873.

HOMMES ET CHOSES DE 1866 À 1872, memento d'un politiqueur militant, in-8°, Merlot-Rodière, Paris, 1873.

LA PAIX SOCIALE, in-folio, Merlot-Rodière, Paris, 1873.

MES HEURES DE PRISON, souvenirs d'un prisonnier de l'empereur Napoléon III et du maréchal de Mac-Mahon, onze *manuscrits* mis en ordre dans les bastilles politiques de La Conciergerie, Mazas, La Santé et Ste Pélagie de Paris, Blois, Beauvais, Versailles, Nevers, Tours, Rouen, etc., 1870-1876.

PROPHÉTIES POUR 1878, in-32° Jossellin, Genève, 1877.

CREDO D'UN LIBRE-PENSEUR, in-32°, Jossellin, Genève, 1877.

LA LOI SOCIALE DE L'AVENIR, in-8°, Jossellin, Genève, 1877.

JUSTICE ET NÉCESSITÉ D'UNE AMNISTIE, in-8°, Jossellin, Genève, 1877.

LES FRAUDEURS GENEVOIS, in-8, Jossellin, Genève, 1878.

LA SUISSE TELLE QU'ELLE EST, lettres publiées dans *Le National* et *L'Estafette* de Paris, *Le Petit Lyonnais* et *Le Courrier* de Lyon, *Le Progrès* de Bourg, *Le Petit Courrier* de Périgueux, etc., de 1876 à 1878.

LETTRE AUX GENEVOIS, in-folio, Stamperia Cooperativa, Firenze, 1878.

FLORENCE, LA CITÉ DES MILLIARDS, in-8°, Devillaire, Périgueux, 1878.

GARIBALDI ET SA CAMPAGNE DE FRANCE, in-4°, Aucour, Bordeaux, 1879.

AI PROLETARI, in-folio, Stamperia dell'*Opinione Nazionale*, Firenze, 1879.

AI BORGHESI, in-folio, Stamperia dell'*Opinione Nazionale*, Firenze, 1879.

CATALOGUE DE MA BIBLIOTHÈQUE, in-8°, Stamperia Cooperativa, Firenze, 1880.

MAURO MACCHI, *in memoriam*, in-12°, Battezzati, Milano, 1881.

MAURO MACCHI E LA LEGA LATINA, in-8, Stamperia Cooperativa, Firenze, 1882.

I LATINOFILI FRANCESI ED IL SENATORE AMANTE, gd. in-8, Stamperia Cooperativa, Firenze, 1882.

HISTOIRE DE LA MUSIQUE, avec une préface de Marie Escudier, in-8° illustré, Degorge-Cadot, Paris, 1882.

LA FÉDÉRATION DES PEUPLES GRÉCO-LATINS, seize livraisons in-4°, Imprimerie Coopérative, Florence, mai-octobre, 1882.

L'Italie telle qu'elle est, lettres publiées dans *L'Estafette*, *L'Indépendant*, *Le Voltaire* et *Les Droits de l'Homme* de Paris, *La Europa* de Madrid, *The Home Review* de Londres, etc., de 1878 à 1883.

Biographies : Charles Alfieri di Sostegno, Camille Bias, Léon Bigot, Breton, Louis Brunereau, Angelo de Gubernatis, Raphaël Del Perugia, Paul Demidoff de San Donato, Ernest Desmarest, Jules Fazy, Giuseppe Garibaldi, W. H. Kay, Mauro Macchi, Ernest Picchio, Maurizio Quadrio, André Rousselle, Carl Vogt, Volney, dix-huit opuscules, grand in-8°, publiés dans *Le Biographe*, Aucour, Bordeaux, 1876-1883.

Un dernier mot aux Latins, in-8, Joseph Pellas, Florence, 1883.

Le Zollverein Méditerranéen, douze lettres à la presse gréco-latine, in-folio, Stamperia del *Ferruccio*, Florence, janvier-mars 1884.

La Vraie Revanche, in-8°, Stamperia del *Vocabolario*, Florence, 1884.

An english-greek-latin Intelligence, Typ. *Ferruccio*, Florence, 1885.

Les Lettres d'amicus à l'Anti Prussien, in-folio, Imprimerie dudit journal, Paris, novembre 1884 à novembre 1885.

Le Lettere d'Amicus alla Gazzetta d'Italia, in-folio, Typ. Pancrazi, Roma, novembre 1884 à novembre 1885.

Ai Latini, *in memoriam Garibaldi e Victor Hugo*, in-folio, Stamperia dell'*Opinione Nazionale*, 2 juin 1885.

Alliance Latine et Zollverein Méditerranéen, in-8, Joseph Pellas, Florence, 1885.

Union Douanière Méditerranéenne, in-folio, vingtième tirage, centième mille, Tip. Coppini e Bocconi, Firenze, 1er janvier 1886.

Frédéric List, *le Père du Zollverein Germanique*, grand in-8, Paul Cassard, Lyon, 1886.

Correspondance de la Presse Étrangère, publication épistolaire quotidienne, créée à Londres en 1866, puis transportée à Florence, Paris, Bruxelles, Genève et derechef à Florence, en 1878-1886.

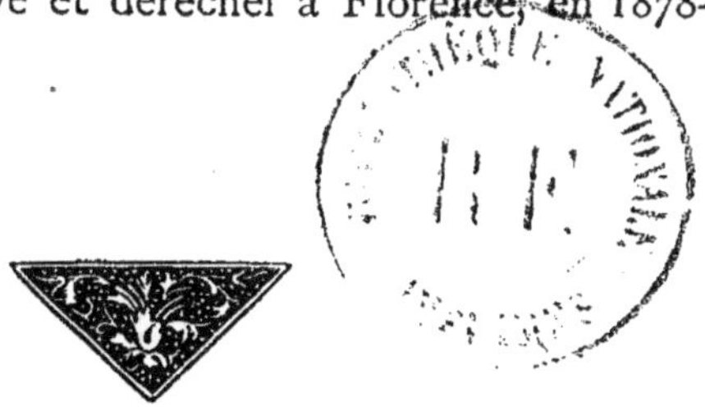

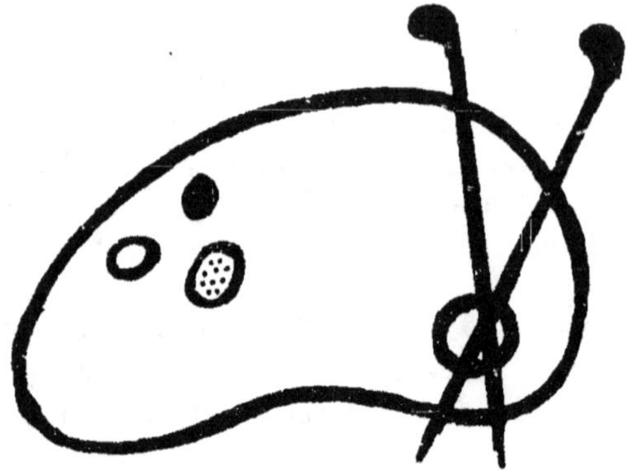

Original en couleur

NF Z 43-120-8